¡El Látido de la Angustia!

El Dolor de Dar a Luz Los Sueños de Dios.

David Mayorga

Published by

SHABAR PUBLICATIONS

www.shabarpublications.com

La mayoría de los productos de Shabar Publications están disponibles con descuentos especiales por cantidad para compras al por mayor para promociones de ventas, recaudación de fondos y necesidades educativas. Para obtener más información, escriba a Shabar Publications a mayorga1126@gmail.com.

¡El Látido de la Angustia! *El Dolor de Dar a Luz Los Sueños de Dios*
por David Mayorga

Publicado por Publicaciones Shabar
3833 N. Taylor Rd.
Palmhurst, Texas 78573
www.shabarpublications.com

A menos que se indique lo contrario, todas las citas de las Escrituras son de la versión New Kings James de la Biblia. Copyright@1979, 1980, 1982 de Thomas Nelson, Inc., editores. Usado con permiso.

Portada de este Libro. Quiero agradecer a David Ravenhill por la inspiración y por compartir conmigo su creatividad para desarrollar el concepto que dio origen a la idea de la portada de este libro.

ISBN 978-1-955433-22-8

Nota: Esta publicación contiene las opiniones e ideas de su(s) autor(es). Su objetivo es proporcionar material útil e informativo sobre el tema tratado. Se vende con el entendimiento de que los autores y el editor no se dedican a prestar un servicio profesional en el libro. Si el lector necesita asistencia o consejo personal, debe consultar a un profesional competente. El autor(es) y el editor renuncian específicamente a cualquier responsabilidad por cualquier obligación, pérdida o riesgo, personal o de otro tipo, que se produzca como consecuencia, directa o indirecta, del uso y aplicación de cualquiera de los contenidos de este libro.

Tabla de Contenidos

Dedicación

Quiero dedicar este libro a los muchos que han vislumbrado el sueño o la visión de Dios y han trabajado para que se haga realidad.

No fue fácil; No surgió de forma natural y se necesitó cada gramo de tu fuerza para verlo manifestarse.

En toda tu espera y oración y luego más espera, Dios te enseñó a ser paciente mientras trabajaba en lo profundo de tu corazón. Cuando se derramó la última lágrima y se hizo el último clamor, Dios irrumpió con una gloriosa revelación de sí mismo, no antes sino después del quebrantamiento.

¡Fue entonces, y sólo pudo haber sido entonces, cuando la angustia desapareció!

A todos los que esperaron y suplicaron a Dios durante incontables horas, días, semanas, meses y hasta años en oraciones y ayunos, en mucha soledad y angustia para ver la manifestación del corazón de Dios... ¡Los bendigo!

Este libro es el testimonio de Ana, la madre de Samuel. ¡Que seamos discipulados y guiados por esta gran mujer de Dios, que, aunque muerta, todavía habla!

- David Mayorga, Autor

Prólogo

"**¡Dadme, hijos, o me muero!**" Este fue el grito de la profunda desesperación, frustración, rechazo y dolor emocional de una mujer estéril. Está rodeada de todos los hijos de su hermana, que también son la otra esposa y rival de su marido. Diariamente recordaba su propio estado estéril de sentirse olvidada y desesperada, lo que finalmente hizo que incluso su esposo arremetiera contra ella como si pudiera cambiar su dolorosa situación. Su nombre, como recordarán, era Raquel, la madre de José.

Una cosa es soportar una breve temporada de dolor emocional, pero otra muy distinta es que el dolor dure años y años.

Quizás le sorprenda saber que algunos de los más grandes siervos de Dios se remontan a mujeres estériles. Ana, quien muchos creen que fue la primera esposa de Elcana, fue reemplazada debido a su esterilidad por la segunda esposa de Elcana, Penina. Dios mismo había cerrado el útero de Ana, pero se abrió milagrosamente, permitiéndole dar a luz nada menos que a Samuel, uno de los más grandes profetas de Israel. Luego tenemos a Manoa, quien se convirtió en la madre de Sansón. Ella también era estéril hasta que Dios la tocó. En el Nuevo Testamento tenemos a Isabel, la madre de nada menos que Juan Bautista, el precursor de Jesús. Dios abrió su útero mucho después de que ella fuera capaz naturalmente de tener hijos.

Jesús comenzó su mayor enseñanza con estas palabras. "**Bienaventurados los pobres de espíritu, porque de ellos es el reino de los cielos**". La palabra pobre se traduce más literalmente como mendigo. Un mendigo es alguien que ha llegado al final de sus propios recursos y capacidades y sólo puede sobrevivir mendigando o viviendo de los recursos de otra persona.

Una mujer estéril, en muchos sentidos, es como una mendiga. Sin duda, ha intentado concebir sólo para descubrir o decirle que es incapaz de tener sus propios hijos. Uno sólo puede imaginar el dolor emocional de ver a amigos y vecinos con sus propias familias y, sin embargo, no poder ser padres. Las emociones llevarían a preguntas como, ¿por qué yo? Esto, a su vez, le llevaría a sentirse rechazado, inútil y sin esperanza. Para la mujer casada, el dolor sin duda la haría sentirse inútil y también culpable por privar a su marido de ser padre o tener una familia propia.

Si bien todo lo anterior puede ser cierto en lo natural, también puede serlo espiritualmente. Quizás hayas guardado un sueño en tu corazón o te hayas aferrado a alguna promesa sólo para ver pasar los años mientras la promesa sigue siendo tan esquiva como siempre.

La esterilidad espiritual puede conducir al desánimo y la desesperación o a la determinación: la determinación de no copiar el ministerio de otra persona sino de presionar a Dios como nunca. Recuerda Su palabra a través de Isaías en el capítulo 54:1: **"Grita de alegría, oh estéril, que no has dado a luz; Prorrumpid en voces y clamad con fuerza, las que no habéis tenido dolores de parto. Porque los hijos de la desolada serán más numerosos que los hijos de la mujer casada".**

Desde hace más de veinte años llevo en mi Biblia una pequeña fotocopia de un anuncio de *Lufthansa*. *Lufthansa* es la aerolínea número uno de Alemania. El texto del anuncio, de menos de tres pulgadas por dos, estaba colocado en la parte inferior de la primera página de una revista *TIME*. El resto de la página mostraba un avión despegando al amanecer. Así es exactamente como apareció el anuncio.

En Lufthansa creemos que un piloto bien formado es la seguridad más importante dispositiva que hay. Tan importante que construimos nuestras propias escuelas de vuelo en Bremen, Alemania y Phoenix, Arizona, solo para que nuestros pilotos estén capacitados a los más altos estándares. Pero incluso antes de que puedan pasar por nuestro programa riguroso, primero tienen que ingresar. Cada año contratamos a 6.000. Los solicitantes se someten a duras pruebas psicológicas y de inteligen-

cia. Solo unos 340 pasan el examen. Y a partir de ahí, se necesitan alrededor de 19 años de experiencia para finalmente convertirte en capitán de un Boeing 747. Entonces, sabes que tu vuelo en Lufthansa no es una coincidencia.es el resultado de una pasión, no de mencionar años y años de preparación.

Guardo lo que ahora es una copia bastante desgastada de este anuncio en mi Biblia para recordarme que, si una aerolínea secular toma tanto tiempo para garantizar la seguridad de sus pasajeros, y de también proteger la propia reputación de la compañía. ¿Cuánto más se preocupa Dios por el bienestar de sus preciosos hijos y por su propia reputación? Dios nunca tiene prisa cuando prepara vasos para sus propósitos. El mismo Jesús tenía treinta años antes de comenzar su ministerio. Moisés estuvo cuarenta años en la parte trasera del desierto preparándose para su papel de liderazgo. José fue encarcelado como parte de su entrenamiento. Creo que cuanto mayor es el llamado, más larga es la preparación.

Demasiadas personas que soñaron con el elevado llamamiento de Dios fracasaron porque no estaban preparadas para esperar el tiempo de Dios, someterse a su entrenamiento o permitirle que purificara sus motivos.

Si la esterilidad espiritual describe su vida, este libro es para usted.

Mi buen amigo David Mayorga profundiza en la historia de Ana y descubre principios eternos que brindan esperanza e instrucción para todos los que prácticamente han renunciado a ser utilizados por Dios.

Creo que la razón por la que Ana tuvo que esperar tanto fue que Dios estaba esperando escuchar estas palabras: **"Oh Señor de los ejércitos, si en verdad miras la aflicción de tu sierva y te acuerdas de mí, y no te olvidas de tu sierva, sino que la das Tu sierva tendrá un hijo, entonces se lo daré al Señor todos los días de su vida..."**

Ahora que sus motivos eran puros, Dios podía confiarle el nacimiento de uno de los grandes profetas de Israel, Samuel.

Lleva este libro contigo al armario [de oración] y pídele al Señor que te enseñe Sus caminos. Sé que lo hará.

-David Ravenhill, Autor y Maestro Itinerante.
Siloam Springs, Arkansas

Introducción

En mi experiencia de vivir y caminar con Dios, he observado a personas con visión durante los últimos 35 años y he notado que son un poco diferentes del líder-servidor común, que podría contentarse con simplemente realizar ejercicios espirituales, asistiendo a sus congregaciones locales y ayudando aquí y allá cuando sea posible.

Algunos viven como si todo a su alrededor estuviera bien y no sienten ninguna carga por el mundo que los rodea. No tienen fuego de Dios ardiendo en lo profundo del corazón; no han experimentado la revelación de que de su corazón correrán ríos de agua viva, como dijo Jesús en Juan 7:38.

El tipo de sirviente que ha vislumbrado la vida venidera vive de manera muy diferente, casi como si estuviera afinado o rítmico al ritmo de un tamborilero diferente. Estos siervos de Dios son siervos guiados por la fe que han establecido el orden divino en la tierra, y su pasión lo demuestra.

Su comportamiento también es diferente. Continúan viviendo vidas desafiantes y luchando por la forma correcta de vivir. No están contentos con el estatus quo de su generación; Dios los ha tocado y sus lágrimas lo demuestran.

Por alguna razón, me viene a la mente el apóstol Pablo cuando dijo en Gálatas 6:17: "...porque llevo en mi cuerpo las [marcas] del Señor Jesús [las heridas, cicatrices y otras evidencias externas de persecuciones—estas ¡testimonio de que Él es dueño de mí]!" El tipo de siervo al que me refiero aquí le ha permitido a Dios marcarlos y hacerlos todos suyos. Tienen en toda su vida las marcas (espirituales y naturales) del Señor Jesús y sólo descansarán hasta que se apoderen de lo que se ha apoderado de ellos.

La vida de Ana es un ejemplo de tal recipiente. Prepárese para ser desafiado por esta mujer de Dios mientras nos enseña el latido de la angustia: el dolor de dar a luz los sueños de Dios.

Capítulo 1

¿Todo Lo que Quería Eran Hijos?

"...pero Ana no tuvo hijos..." (1 Samuel 1:2)

Al leer la historia de Ana en 1 Samuel capítulo 1, no sabía que el Señor revelaría a mi corazón esta increíble revelación sobre la visión y el propósito para el futuro.

Hace unos veinte años, recibí esta palabra fresca al enfrentar desafíos en mi vida y ministerio. No podría haber llegado antes, pero Dios sabía que lo que me revelaría impactaría profundamente mi vida.

Mientras meditaba sobre la vida de Ana, la esposa de Elcana, rápidamente me di cuenta de que esta historia no se trataba sólo de una esposa joven que deseaba tener hijos o de su incapacidad de tenerlos debido a su esterilidad.

Rápidamente descubrí que el Espíritu Santo quería usar esta historia específica para enseñarme más sobre el anhelo del corazón humano y cómo Dios deposita cosas en él y nos incita a alcanzarlas.

Era una historia sobre la pasión, el deseo y la capacidad de Dios para dar origen a sueños que sólo Él podía hacer realidad. Era una historia sobre la perseverancia en la oración y el mantenimiento de la fe hasta que llegue la manifestación.

Ana Contra Penina

No hay mucho sobre la vida de Ana. Dice que se casó con Elcana, quien también tenía otra esposa llamada Penina. Penina tuvo hijos, pero Ana no los tuvo ni pudo hacerlo por un tiempo.

Ahora bien, no creo, o al menos no creo, que Ana supiera que era estéril, y su marido tampoco lo supo hasta mucho después. Quiero decir, ¿cómo podría saberlo?

Es mi pensamiento natural que Ana aspiraba a formar una familia como cualquier esposa joven. Sus aspiraciones de ser algún día una madre piadosa estaba en la agenda, y las posibilidades de enseñar a sus hijos los caminos de Jehová Dios eran genuinas. Todo parecía estar en su lugar y ahora estaba esperando su fecundación. Pero una y otra vez, día tras día, no pasó nada.

Desde la perspectiva de Ana, la vida era estupenda, o eso parecía, hasta...

Ella no pudo salir embarazada, pero Penina sí.

Toda esta situación inició en ella una revolución de pensamientos. Las cosas empezaron a cambiar para Ana cuando Penina empezó a provocarla o burlarse de ella. Estos gestos produjeron muchas emociones y pensamientos negativos.

Sólo alguien que ha experimentado la esterilidad puede comprender verdaderamente el corazón de Ana. Sólo alguien con este tipo de anhelo puede simpatizar con esta querida sierva del Señor llamada Ana.

¡Se Necesita a Alguien!

En el silencio de la vida de Ana, ella debió haber estado reflexionando sobre la anormalidad de no tener hijos. Tal vez culpó a su marido, tal vez se culpó a sí misma, o tal vez sintió que se debía culpar a Dios por su esterilidad.

Verá, nuestras vidas pueden estar estancadas durante semanas, meses o incluso años hasta que Dios envía a alguien para agitarnos, alguien para provocarnos hasta el punto de quebrarnos.

Muchos de nosotros tenemos sueños y deseos que Dios nos ha dado, pero los hemos dejado en paz ya que nunca se han manifestado. ¡Al mismo tiempo, Dios envía personas a nuestro camino para provocar que esos sueños en nosotros cobren vida! ¿Te ha pasado esto últimamente? Si necesitas más tiempo, ¡prepárate!

Puede provenir de varias fuentes: un trabajo, una oportunidad, un amigo, un conocido, un compañero de trabajo o incluso un familiar.

Voy a volver al testimonio de Ana...

¿Te imaginas la sensación de no poder traer hijos al mundo; ¿Qué tal los abrumadores pensamientos de inutilidad, sin mencionar el sentimiento de rechazo y reproche que le provocaba su incapacidad para tener hijos?

El sentimiento de fracaso no estaba muy detrás. Se sentía fracasada al mirarse en el espejo, ante su marido Elcana y en presencia de familiares y amigos. ¡Te dan la imagen!

¿Pero cómo supo que era estéril? ¿Cómo supo Ana que la vida sería así? ¡Ella no pidió esto! Sin embargo, Ana se encontró en una situación imposible. Puedo pensar en muchas situaciones llenas de dificultades y adversidades desde dentro y desde fuera.

¡Una Situación Imposible!

Como siervos de Dios, a menudo nos encontramos en esa situación. Sabemos que Dios nos creó para Él y para manifestar Su gloria al mundo, pero no logramos hacer todo lo que Él desea de nosotros.

El deseo y la pasión de ser o hacer algo para la gloria de Dios están siempre presentes en lo más profundo de nuestro ser, pero no podemos encontrar el poder para llevarlo a cabo. Nos sentimos incapaces, no capacitados y no preparados; Vemos cada oportunidad como imposible e inalcanzable.

Muchos de nosotros hemos estado aquí en este mismo lugar; Algunos de ustedes que leen este libro ahora están experimentando esto en su propia vida. ¡El hecho de que estés leyendo este libro refleja la angustia en tu corazón por un avance significativo! Tú lo sabes, yo lo sé y, mejor aún, ¡Dios lo sabe!

Como nota al margen, Dios conoce tus deseos porque Él es Quien los colocó en lo más profundo de ti. A Dios no le sorprenden las cosas que llevas en tu vientre espiritual – ¡Él las puso ahí! ¿Sabía usted esto?

Con demasiada frecuencia, resulta difícil expresar un embarazo espiritual a las personas. Aunque la gente sabe que Dios habla al espíritu humano y lo impregna de visión, propósito y deseo, muchos creyentes no tienen ni idea de esta forma de creencia. No tienen ni la más mínima idea de que el Señor desea hacer nacer algo de su vientre espiritual. Es algo que le traerá gloria y brindará una solución a muchos.

Nunca descartes las emociones profundas que Dios pone en lo más profundo de ti. Por favor, no los tomes a la ligera. Creo que el Señor coloca conceptos, ideas y estrategias y nos usa como vehículos para manifestarlos.

Recuerde, estos sentimientos deben ser nacidos de Dios. No estoy diciendo que cada emoción esté guiada por el Espíritu. Algunos no son guiados por el Espíritu sino por la carne. Hay que discernir la diferencia.

Capítulo 2

Los Rivales Internos y Externos de Ana

"Y también su rival la provocó severamente, para hacerla miserable, porque el Señor había cerrado su matriz". (1 Samuel 1:6)

Al leer la historia de Ana y su problema de esterilidad, puedo imaginar la profunda introspección que haría cuando estaba sola. ¿Cómo sé esto? Porque lo he hecho, sí, he tenido que hacer muchas introspecciones en mi propia vida sobre tantas cuestiones. Tú has hecho lo mismo.

Mientras Ana vivía su vida diaria, ya fuera por la mañana o al final de la tarde, podía oír llorar a los niños. ¡Ah, pero espera! No fueron sus hijos; Eran los hijos de Penina.

¡Una Avenida Llamada "Lastima!"

A veces observamos los éxitos de otras personas y nos preguntamos por qué nuestras vidas no tienen éxito. ¡Al menos desde donde estamos, podemos ver cómo Dios ha bendecido a otros de muchas maneras! Nos invade un sentimiento de hundimiento y empezamos a sentir lástima de nosotros mismos. ¿Cuántas veces has visitado esta Avenida llamada *Lastima*?

El sentimiento de que Dios eligió bendecir a otros y no a ti debe ser una de las armas más mortíferas del diablo en su arsenal contra los siervos de Dios. Nada desanima más a un hombre o una mujer de Dios que el sentimiento de improductividad.

Descansar en tu llamado y responsabilidad debería ser suficiente para animarte en tu caminar con Dios, ¡pero no agrada a la carne! La carne grita: "Es injusto, es injusto, es favoritismo, etc."

¡Según Tu Capacidad!

Hace algunos meses, escuché un podcast sobre la entrevista de un siervo de Dios en particular. El hombre habló de cómo Dios había usado significativamente a todos estos siervos. A lo largo de la historia, Dios había levantado personas para marcar la diferencia en todo el mundo, y así sucesivamente, añadió.

Mientras seguía escuchándolo hablar, algo se apoderó de mi corazón y supe que no era Dios y ¡no era bueno! Este profundo revuelo en mis entrañas y este susurro perverso se hicieron más intensos en mí, diciendo: *"Eres un perdedor; nunca llegarás a nada; nunca producirás a tu capacidad; ¡estás maldito y nunca tendrás éxito!"*

Al finalizar el podcast, el hombre promocionó su libro sobre el tema que estaba compartiendo.

Escuche mis pensamientos honestos y escuche lo que me dije a mí mismo: estoy interesado en este tema. Si leo este libro, me convertiré en un superhéroe como él. Lo leeré atentamente, estudiaré sus principios y seré como él: exitoso y relevante. Suena gracioso ahora, pero ese era mi estado de ánimo cuando escuché a este hombre. Por cierto, pedí el libro. Está acumulando polvo en mi biblioteca.

Cuando recibí el libro, comencé a leerlo. Fue un libro excelente. Fue tan bueno que llamé a un amigo mío, David Ravenhill, y le conté todo. Considero a David Ravenhill uno de los hombres de Dios más equilibrados de esta generación.

Sin saberlo, David me ministró. Él no vio la batalla en la que yo estaba, pero con mucha calma procedió a compartir conmigo el corazón de Dios. David Ravenhill me dijo: "David, Dios le dio a las personas talentos según su capacidad. Estamos llamados a ser fieles a lo que Dios nos dio". Empecé a sentir esas cadenas rompiéndose. Mi amigo David no tenía idea.

Dios Te Recompensará en Consecuencia

Luego compartió un poco de esta historia: **"Porque el reino de los cielos es semejante a un terrateniente que salió de mañana a contratar obreros para su viña. Después de acordar con los trabajadores un denario por día, los envió a su viña. Y salió como a** la hora tercera y vio a otros que estaban desocupados en la plaza, y les dijo: "Vayan también ustedes a la viña, y les daré lo que sea justo". Y fueron. Salió otra vez hacia la hora sexta y novena, e hizo lo mismo. Y como a la hora undécima salió y encontró a otros parados desocupados, y les dijo: "¿Por qué habéis estado aquí desocupados todo el día?" Le dijeron: "Porque nadie nos contrató". Entra tú también en la viña, y recibirás lo que sea justo.' "Y cuando llegó la tarde, el dueño de la viña dijo a su mayordomo: 'Llama a los trabajadores y dales su salario, comenzando por el último hasta el final. primero.' Y cuando vinieron los que estaban contratados alrededor de la hora undécima, recibieron cada uno un denario. Pero cuando llegaron los primeros, supusieron que recibirían más; Asimismo recibieron cada uno un denario". (Mateo 20:1-10)

Dios no sólo nos llama a servirle, sino que también nos recompensa en consecuencia. Siempre debemos tener esto ante nosotros y descansar en la sabiduría de Dios. El siervo de Dios debe descansar en estos hechos de las Escrituras.

Si no se controla la carne, surgirá la tentación de sentirse menos, menospreciado, no deseado o innecesario.

Siempre agradeceré a Dios por David Ravenhill y las pepitas de sabiduría que me brindó para ayudarme a navegar esta temporada en particular.

¡Cuidado Con los Celos y la Envidia!

Una cosa es sentir lástima de uno mismo y sentirse un fracaso por no ser más productivo, pero me atrevo a decir que nada es peor que estar poseído por la envidia y los celos.

¿Qué es la Envidia?

La definición de envidia, según *Wikipedia*, es una emoción que ocurre cuando una persona carece de la cualidad, habilidad, logro o posesión de otra y desea que la otra persona carezca de ella.

¿Puedes ver que esto le sucede a Ana? ¿Puedes ver que esto te sucede a ti? Es una emoción que ocurre cuando otros tienen lo que tú quieres. ¿Cuántos de ustedes han estado en este lugar en su vida?

¿Qué Son los Celos?

La definición de celos es como la envidia, pero un poco diferente. Los celos generalmente se refieren a pensamientos o sentimientos de inseguridad, miedo y preocupación por una relativa falta de posesiones o seguridad.

Estas dos palabras parecen sinónimas; sin embargo, se relacionan con lo que sientes [como emoción] cuando otros tienen o poseen algo que tú no tienes.

Esta fue una de las batallas más importantes de Ana en su viaje. Estoy seguro de que otras emociones influyeron en su vida, pero estas dos deben haber estado presentes.

Penina: Una Mujer Viciosa

Aparte de las batallas internas que enfrentó Ana, todavía tenemos una más que atender, una rival más llamada Penina.

Como si la ira, la envidia y los celos no fueran suficientes, tuvo que lidiar con la otra mujer llamada Penina. La Escritura dice que esta mujer "**la provocaría severamente, para hacerla miserable**".

Lo que me parece interesante es cómo esta mujer Penina no tenía un corazón compasivo para con esta mujer estéril. No tuvo piedad y golpeó a Ana con todas sus fuerzas. La torturó emocionalmente, y uno podría pensar ¡qué persona tan malvada es Penina!

Algunas preguntas me vienen a la mente a medida que avanzamos al siguiente capítulo.

¿Permitiría Dios que Penina provocara a Ana hasta el punto de hacerla miserable? Si Él lo permitió, ¿por qué lo haría? Por otra parte, ¿por qué no lo haría? Si Dios está preparando Su vaso para dar a luz a algo, ¿no haría todo lo posible para que esto suceda? Medita sobre esto mientras continuamos este viaje.

Capítulo 3

¡Esterilidad!

"...porque Jehová había cerrado su matriz". (1 Samuel 1:6b)

¿Qué es la esterilidad? ¿Cómo se define esta palabra? Veámoslo. Varios diccionarios definen la esterilidad como 1) la cualidad de no producir nada de valor y 2) el estado (generalmente de una mujer) de no tener hijos o no poder tenerlos.

Al reflexionar sobre estas definiciones, puedo ver cómo afectan a la persona. Por ejemplo, cuando una mujer no puede tener hijos de forma natural, su espíritu y su alma pueden quebrarse ante la idea de no dar nada de valor. ¿Ves esto?

Creo que este fue el caso en la vida de Ana. Estaba abrumada por su incapacidad de tener hijos. No sé si pasa largas horas hablando con la vecina y, de manera indirecta, comparte su dolor. Quiero decir, ¿qué haces cuando te enfrentas a una situación así?

Verá, en aquellos días, que una mujer fuera estéril no era más que una señal de algún tipo de maldición sobre su vida. Si eso no fuera lo suficientemente difícil, ella también tenía a Penina, la otra esposa. Esa era la otra esposa de Elcana. Esta mujer era sin duda el rival número uno de Ana; ¡La provocaría severamente!

¿Qué supones que hizo Ana con esta batalla interna? ¿Se escondió de todos para no tener que dar explicaciones? Quizás culpó a las personas que la rodeaban por esta etapa vergonzosa de su vida.

No importa cómo se sintiera, su situación era tan real como parece y creo que necesitaba algo más que gente que la entendiera.

Estoy muy agradecido por los amigos que se han reunido a mi alrededor cuando estoy en apuros; Dios sabe que estoy muy agradecido por los siervos sinceros de Dios que quieren echar una mano, sin embargo, su ayuda siempre parece ser limitada – porque el asunto que nos ocupa tiene que ver con la profundidad espiritual, sí, ¡la profunda médula espiritual de nuestros huesos!

¿Ha Alguien Le Importó?

Muchas veces he pensado que las personas que tienen dolencias o que sufren en lo más profundo de su ser suelen sufrir solas. He visto esto y lo he experimentado.

He visto a personas heridas, solas en la oscuridad, sin nadie cerca que les pudiera dar una palabra de consuelo u ofrecerles ayuda de alguna manera. Estoy seguro de que todos hemos experimentado esto en algún grado.

¿Importa si alguien puede brindar ayuda u ofrecer aliento? Algunas personas dirán que sí, que es algo bueno, mientras que otras pensarán y dirán que no hace ninguna diferencia. Quizás, en cierto modo, brinde consuelo, pero me atrevo a decir que, en el gran esquema de las cosas, la ayuda natural no puede ayudar a una necesidad espiritual.

Puedo imaginarme a la gente rodeando a Ana y colmándola de palabras de consuelo, obsequios, tarjetas, flores y oraciones hechas en su nombre, ¡solo para que ella diga gracias, pero no cambie! ¡En lugar de celebrar cumpleaños, se convirtieron en nada más que un recordatorio de que se le estaba acabando el tiempo para tener hijos! ¿Me escuchas?

A veces, las personas hacen que pasar por una mala racha en la vida sea mucho más fácil, pero eso no elimina el dolor.

Cuando falleció mi madre de 101 años, la gente me rodeó, me abrazó y me dio amables palabras de pésame, y eso fue muy lindo. Aun así, la verdad es que, una vez que todos se fueron, me quedé solo y sin que mi madre volviera nunca más a su habitación. No quiero parecer insensible, pero esto también es parte del ciclo de la vida, y repito, no podemos eliminar un problema espiritual con medios naturales.

La batalla de Ana acababa de comenzar y sería como ninguna otra que hubiera experimentado. Tendría que librar una batalla diferente, una batalla espiritual épica, en nombre de las generaciones venideras. Verá, nadie lo sabía; sólo su útero vacío podía sentir la profundidad de este dolor.

¡La Carrera Está en Marcha!

Como he intentado definir la esterilidad, quizás usted esté pasando por algo de esta esterilidad. Quizás esterilidad como Ana; tal vez esterilidad en el trabajo, en tu vocación, en tu familia, en tu ministerio, en tus proyectos futuros, en tus relaciones, etc.

Sientes que algo debería estar sucediendo, pero no es así. Intentas avanzar sólo para terminar donde empezaste. Estás corriendo contra los comentarios y críticas de la gente, luchando contra pensamientos negativos de desesperación y decepción, y sí, corriendo contra el reloj de la vida que te recuerda a diario que no te estás haciendo más joven. Lo intentas, pero no se concibe nada; ¡Nada está naciendo!

¡Dias y Noches Solitarias!

Conozco algunas personas que enfrentan depresión, tal vez no a diario, pero han tenido episodios de depresión. He visto a personas lidiar con esto y superar esta lucha, pero también he visto a otros sucumbir a esta horrible experiencia de ansiedad y depresión. No es un buen momento en la vida de esa persona.

Cuando leí la historia de Ana, me pareció una persona que entró en cierto grado de depresión. Lo que estaba experimentando tenía que haber sido muy real. Su corazón estaba roto y su vida se había visto afectada por ello. ¿Cómo podría alguien entenderla?

¡Es Hora de Buscar al Señor!

Al reflexionar sobre mis experiencias como siervo de Dios, esposo y ministro de Su palabra, he experimentado algunos momentos oscuros. ¡Muchas veces pensé que esta vez no iba a salir de esta prueba!

Nunca me he examinado para detectar depresión clínica ni he ido a terapia por decepciones, expectativas incumplidas, soledad, angustias, fracasos personales o ministeriales, promesas incumplidas o batallas de carácter personal. Me enseñaron que cada prueba y prueba tiene un propósito. ¡Estoy llamado a descubrir lo que está sucediendo en los lugares celestiales y proceder a caminar por fe!

Respecto a la batalla de Ana, uno podría sentirse tentado a preguntar: ¿dónde está Dios en todo esto? Dios todavía está en Su glorioso trono, dirigiendo el destino de Ana. No creo que Jehová Dios se haya apartado jamás de su lado, ni por un segundo.

Sigo creyendo que Dios no nos deja de nuestro lado para tratar temas de suma importancia. Así como Cristo estuvo en el barco dormido durante la tormenta, ¡Él está con nosotros en medio de nuestras tormentas!

Capitulo 4

¡Lidiando Con el Reproche!

Reproche – desgracia; lástima.

Reproche Espiritual: es la opinión o el juicio desagradable que alguien tiene contra ti y que, por mucho que lo intentes, parece que no puedes deshacerte.

Llevar la carga del reproche es un desafío; sin embargo, Dios puede hacer que uno se ponga de pie y poner a ese siervo en un lugar donde nadie pueda tocarlo.

Cuando reflexiono sobre la vida de Ana, nunca puedo imaginar el dolor que llevaba dentro. Ana fue, sin duda, una mujer de fe y dependencia de Dios como muy pocas en su época. Más tarde le demostraría al mundo cómo superar el reproche espiritual.

Pensé en esto mientras escribía este capítulo y seguí pensando: no es de extrañar que todos nos desanimemos ante la idea de ser improductivos. Cuando no vemos el fruto de algo en lo que hemos invertido durante tanto tiempo, es fácil prestar oídos a la voz del enemigo y creer el informe negativo del diablo.

Lidiando con la Imperfección

Como creyentes, a menudo creemos que el cristianismo es sinónimo de perfección. Una cosa es escuchar a un no cristiano criticar a un creyente nacido de nuevo y señalar todas sus deficiencias, y otra muy distinta cuando los propios cristianos señalan a otro creyente que no es tan perfecto como ellos.

Muchos creen que todo será perfecto si perteneces a la fe cristiana. Tu vida, tu trabajo, tus hijos, tu salud, tu situación económica, tu matrimonio, tu capacidad para criar hijos, todo será perfecto e irreprochable. Odio decírtelo, pero ésta no es una idea exacta del cristianismo.

Es posible que uno pueda tomar mejores decisiones una vez que escuche la verdad en la Palabra de Dios, pero eso no es una garantía segura de que el creyente se disciplinará con las prácticas mencionadas en la Biblia. En otras palabras, deberían hacerlo, pero con demasiada frecuencia no tienen la disciplina para realizar los cambios. El resultado es una vida llena de tropiezos y caídas a lo largo del camino de la vida.

¡El Reproche Es a Menudo Inevitable!

Hay momentos en nuestras vidas en los que pasamos por temporadas de presión, temporadas tan desafiantes que quienes nos observan desde lejos se preguntarán si esta prueba romperá el lomo del camello. La prueba es tan severa que notan tu cambio de actitud; tu comportamiento en tu fe comienza a decaer, y aquellos que una vez estuvieron contigo y junto a ti se separarán de ti. Imagínate.

Nadie quiere asociarse con el fracaso; Todos quieren ser parte de una historia de éxito. Esto nos muestra cuán frágil es la humanidad. Repito, el reproche es muchas veces inevitable.

Ahora bien, algunos fracasos son causados por nuestra propia necedad. En otras ocasiones, el fracaso es necesario como forma de poda espiritual en y para nuestras vidas. Dios verá que no importa qué tipo de fracaso enfrentes, Él lo usará para Su gloria y nos restaurará a Su corazón.

Una Lección Sobre *Poda*

Podar mi jardín durante el otoño no es una de mis épocas favoritas del año. No me gusta ver ramas y flores cortadas de mis rosales, adelfas, hibiscos o cualquier macizo de flores que pueda tener, pero el hecho es que es necesario. Si no se realiza ninguna poda, la planta no alcanzará el siguiente nivel de belleza.

Otros pueden pensar que es una locura cortar las ramas bonitas, especialmente las que tienen flores y frutos. La gente puede reprocharme que lo haga, pero yo sé por qué lo hago y he vivido para ver sus frutos.

Creo que Dios a veces poda con fervor y siempre sabe lo que está haciendo, aunque nosotros no lo sepamos. Podríamos enojarnos con Dios por ello o culparlo por ello. Sin embargo, ¡viviremos para ver el fruto de Su obra!

El Reproche Espiritual de Ana

Respecto a Ana y su esterilidad, Penina se aseguró de señalar sus defectos. La provocaría, se burlaría severamente de ella y la culparía por ser estéril.

Permítanme reiterar el reproche espiritual. Es la opinión o el juicio desagradable que alguien tiene contra ti y que, por mucho que lo intentes, parece que no puedes deshacerte.

Verá, Ana sintió que no había nada que pudiera hacer para cambiar su situación. Ella no tenía respuestas. Tendría que enfrentarse a Penina diariamente para escuchar sus palabras, críticas, etc. Esta situación empeoraba día a día.

Desde el punto de vista de Penina, Ana era una desgracia. Nunca dejaría que Ana olvidara su situación.

No sé ustedes, pero esta historia llega muy de cerca. He sentido reproche muchas veces. He aceptado el cuidado de Dios sobre mí a lo largo de los años, pero no ha sido fácil. Ésta es la razón por la que estas notas están muy cerca de mi corazón.

No sé ustedes, pero ¿alguna vez alguien los miró y movió la cabeza y, sin decir nada en voz alta, pudieron escucharlos en su espíritu diciendo: "¡Pobre perdedor! ¡Nunca llegarás a nada! ¡Nunca lo lograrás! ¡Nunca tendrás lo que se necesita! ¡Eres muy patético! ¡No es de extrañar que no le gustes ni te quiera a nadie!"

Quizás esté exagerando, pero muy poco. El enemigo tiene una manera de golpearnos donde más nos duele. Él sabe cómo nos castigamos cuando nos encerramos en nuestras habitaciones y apagamos las luces. Observa cómo anhelamos un gran avance, una oportunidad de redención, restauración y algunas de las cosas que hemos perdido debido a nuestros errores. Él mira las lágrimas; Él escucha las oraciones, pero continúa golpeándonos emocionalmente.

Querido amigo, el Señor conoce tu situación. Él no está lejos de ti para que no pueda salvarte. En momentos en que me siento indigno y siento que el enemigo me culparía por las cosas que he hecho, las que no tengo o las que nunca tendré, pongo mi confianza enteramente en Jesús. ¡Él puede hacerme pararme!

Capítulo 5

¡Aspiraciones de Un Corazón Ardiente!

"¡Él os bautizará en Espíritu Santo y Fuego!" – Mateo 3:11

"No tengas miedo en la búsqueda de lo que enciende tu alma".

-Autor Desconocido

Al buscar el corazón del Señor y estudiar la vida de Ana, en su mayor parte he comprendido que vivir el propósito que Dios nos ha dado en la vida tiene aspiraciones y desafíos. Todos debemos ser como buenos agricultores; ¡Debemos plantar y esperar hasta que llegue la cosecha! Un corazón lleno de la fe de Dios debe ser nuestra motivación.

¿Espiritualmente Embarazada?

Mi consejo a cualquiera que lleve en su vientre espiritual el deseo de dar a luz algo que Dios ha puesto en él es que se prepare para afrontar la parte duradera de dar a luz. No será fácil, pero si uno se atreve a creer que Dios ha prometido, ese siervo eventualmente será recompensado.

Una cosa es aspirar a agradar a Dios en todas las formas posibles, realizar sus justos deseos y querer cumplirlos; sin embargo, la vida es un poco más colorida que eso.

Verá, cada aspiración tiene sus desafíos. Cada deseo se encontrará con fuerzas opuestas y confrontado con diversas adversidades.

Demasiadas promesas han muerto porque el portador no sabía el momento de hacerlo, el método que Dios usaría, o no pudo ver la mano de Dios en medio de la dura adversidad.

En consecuencia, estos siervos nunca ven la obra de Dios realizada debido a una falta de discernimiento, visión y una impaciencia abrumadora.

El Corazón de Ana

Ana sabía algo que nadie más sabía. Llevaba dentro de sí el deseo de tener un hijo. Penina sabía que algo se estaba gestando en el corazón de Ana, pero no sabía exactamente qué era, aparte del deseo natural de tener un hijo.

Ahora bien, el marido de Ana tenía una idea de todo esto. Sabía que Hannah no estaba muy contenta con ser estéril. Sabía lo que ella quería, pero Elcana no podía hacer nada al respecto. Al igual que las personas que nos rodean día tras día, ¡no tienen ni idea de los asuntos de un útero espiritual!

¡No es Idea Suya!

No creo que a Ana simplemente le rompiera el corazón el hecho de ser estéril. Casi parece que la necesidad de tener un hijo fuera más fuerte que la esterilidad. ¿Si, pero por qué? Creo que Dios inculcó eso en su hombre interior (su espíritu). Su deseo de quedar embarazada no era el mismo deseo que tuviera Penina cuando estaba embarazada.

Creo que Ana estaba llegando al punto de dar a luz a algo mucho más grande que ella y la nación de Israel. Parece que estaba a punto de entrar en contacto con el destino y su hijo jugaría un papel importante en el gobierno de transición de Israel. Ella no lo sabía, ¡pero estaba inquieta, infeliz e insatisfecha con su actual condición de esterilidad!

Los deseos, visiones y aspiraciones están muy bien. Todas estas cosas son buenas cualidades para tener. Sin embargo, cuando se trata de que Dios sea el Señor de nuestras vidas, no importa. Verás, Dios está interesado en aquello con lo que Él te impregna, no en las cosas con las que tú te impregnas. ¿Me entiende?

¡Ana Está Embarazada de Deseo!

La idea de tener un hijo, para Ana, era tremenda. Al principio no lo parecía, y tal vez con el tiempo aceptaría la terrible verdad de que era estéril, ¡pero no lo hizo! Ella nunca aceptó el hecho. ¿Estás escuchando esto? La idea de tener un hijo la invadió; Verás, ¡no fue idea suya! Fue idea de Dios.

¿Cómo Hace Dios Que Sucedan las Cosas?

Si una idea nace en la carne por medios carnales, entonces el hombre siempre está tratando de tener reuniones sobre cómo hacer que esto o aquello suceda. El hombre comienza a tomar su idea y hace todo lo posible para llevarla a cabo.

He escuchado a muchos siervos sinceros de Dios decir: "Queremos hacer este proyecto para la gloria de Dios. ¿Apoyarás nuestro plan?" etcétera.

Permítanme decir que cuando Dios llama a un hombre a hacer algo por ellos, Dios traerá los medios para hacer realidad esta idea. Si Él presenta un plan, lo llevará a cabo utilizando Sus métodos. Miremos más profundamente en el enfoque del hombre para tratar de ayudar a Dios a que algo suceda:

Primero, el hombre intenta crear conceptos e ideas que otros han probado y probado, diciendo: "¡Dios me dio una visión para hacer esto!" Ese siervo de Dios debe ser honesto consigo mismo y decir: "Esto se lo copié a él o a ella". Si hay algo que un hombre no puede tomar prestado es la visión de otra persona. Hacerlo es fracasar en todos los niveles.

En segundo lugar, el hombre o la mujer de Dios debe entender que la idea no nació en la carne; no vino por voluntad humana. Dios lo dio a luz en el vientre de uno de sus siervos. ¡Tratar de mantener algo en funcionamiento cuando Dios no está presente es como ponerle tapizado nuevo al Titanic!

La sabiduría le enseñará a cualquiera que, si algo nace en el corazón de Dios, el corazón de Dios debe mantenerlo y conservarlo hasta su etapa final.

Por último, siendo que nació en el corazón de Dios y fue puesta en el corazón de Su siervo, entonces será por el Espíritu del Señor que esta visión se llevará a cabo. El vaso de Dios debe confiarle el proyecto a Dios y apoyarse enteramente en su conocimiento y sabiduría para llevarlo a cabo.

¡Cualquier cosa que no sea el liderazgo del Espíritu de Dios no funcionará! Escuche las grandes palabras del siervo de Dios en China, Hudson Taylor, cuando dijo: *"Dependa de ello. La obra de Dios hecha a la manera de Dios nunca carecerá del suministro de Dios.*

Él es un Dios demasiado sabio para frustrar Sus propósitos por falta de fondos, y puede suplirlos con la misma facilidad antes que después, y prefiere hacerlo así".

Capítulo 6

¿Alguna Vez Te Has Conformado con Menos?

"Y cuando llegaba el momento de que Elcana hiciera una ofrenda, daba porciones a Penina su esposa y a todos sus hijos e hijas. Pero a Ana le daría doble porción, porque amaba a Ana, aunque el Señor había cerrado su matriz." (1 Samuel 1:4, 5)

Cuando El Recibir Una Doble Porción No Es Suficiente

¿Cuándo no es muy bueno recibir una ración doble de algo? ¿Cuándo no es bueno recibir atención especial? ¡No es bueno que te esté esperando algo mejor! Esto es precisamente lo que estaba sucediendo en la vida de Ana en ese momento.

¿Puedes ver la incomodidad de esto? Elcana le dio porciones a Penina y a sus hijos, pero a Ana, como era estéril, le daría una porción doble, pues, con toda honestidad, sentía pena por su esposa, Ana.

Si hay algo que ningún ser humano puede ocultar es el deseo ardiente de tener algo o ser algo en la vida. Ana no buscaba sólo algo externo; ¡ella estaba buscando eso que llamaba desde lo más profundo de su interior, esa cosa preciosa que Dios le había impartido y ahora estaba profundamente arraigada en ella!

¿Es usted culpable de conformarse con menos?

En esta sección pregunto: ¿Somos culpables de conformarnos con menos? ¿Renunciamos a la promesa? ¿Dejamos de luchar como locos por conseguir lo que sabemos que Dios nos ha dado? Esta puede ser su propia historia sobre la cual testificar.

¿Cuántas veces hemos llegado tan lejos como para perseguir lo que creemos que era la voluntad de Dios para nosotros, sólo para abandonarlo al principio o a la mitad del programa, proyecto o trabajo? Quizás demasiadas veces para contarlas.

¡Esas cosas son buenas pero irrelevantes para la voluntad de Dios!

Al recordar algunas cosas de mi vida, lo he experimentado demasiadas veces como para negarlo.

La mayoría de las personas que te rodean no saben dónde estás con Dios. No tienen la más mínima idea de lo que Dios está haciendo en ti o hacia dónde te está llevando Dios en momentos específicos. Estos son sólo hechos.

Mientras escribía este capítulo, recordé una oportunidad que se me presentó hace unos 35 años mientras trabajaba como pastor en una iglesia mediana en mi región. La invitación era para mí a dejar mis deberes pastorales por *pastos más verdes.*

Un querido hermano pastor me ofreció ir con él a pastorear en otra ciudad y ayudarlo a pastorear su iglesia. La oferta fue excelente y también fue muy tentador dejar mi ministerio actual por uno más grande y establecido. Este fue un gran desafío. Déjame decirte por qué.

Verá, mi vida apenas comenzaba en el ministerio, mi salario como pastor era bajo y las oportunidades para construir un ministerio más significativo no llegarían pronto en mi iglesia local. Este hombre de Dios tuvo una visión y necesitaba que alguien lo ayudara a desarrollar su trabajo. Mentiría si te dijera que no lo consideré.

Le dije a este querido hermano: *"Dame unas semanas para orar y ayunar. Todo lo que escuche del Señor con respecto a esta puerta abierta, lo compartiré contigo".* Me tomé mi tiempo para buscar a Dios y sentí que el Señor me decía que no debía ir.

Todo exteriormente parecía limitado; las cosas no "sucedían" a mi ritmo; Por supuesto, las cosas parecían aún más atractivas para recogerlo e irse. Pero Dios tenía otros planes.

Siempre habrá buenas sugerencias de personas bien intencionadas. Siempre habrá pastos más verdes a nuestro alrededor. También habrá más oportunidades excelentes que prometen darnos una vida mejor.

¡Solo Dios Conoce Nuestros Corazones!

Nadie entendió a Ana. A primera vista, uno diría que ella sólo quiere un hijo; al menos aquí en la Tierra, eso parece. Pero he visto cómo las cosas terrenales tienen una manera extraña de oscurecerse. La mayoría de la gente busca cosas terrenales, pero las personas que se relacionan con Dios desean agradar a Dios en todas las cosas.

Como dije, muchas personas nos rodearán de opiniones sobre lo que Dios podría decir. Sin embargo, en sus formas más sabias, todavía no saben lo que Dios hará contigo.

En La Tranquilidad del Espíritu.

Las personas cercanas a nosotros pueden conocernos hasta cierto punto; podrán conocer nuestros miedos, dudas, etc. Quienes nos conozcan más tiempo conocerán detalles más significativos de nuestras vidas.

Mientras estudiaba las Escrituras, no tuve la sensación de que Ana fuera una mujer de carácter fuerte. No creo que fuera una esposa exigente ni una chismosa problemática. No sé; tal vez sea solo yo, pero sentí ha Ana como una mujer que temía al Señor y tenía deseos simples de ser una gran esposa para su esposo y una madre para sus hijos.

Cuando la naturaleza de uno no es propensa a la guerra espiritual, luchar por lo que uno quiere es difícil cuando la vida de uno se asemeja a un espíritu tranquilo y apacible. He notado que las personas con este comportamiento suelen dejar que los demás vayan primero; Por lo general, se esconden detrás de la multitud y, en cambio, dejan que otros ocupen el primer lugar en cualquier oportunidad u ocasión.

¡Cuando el Empuje Llega a Empujón!

He conocido a muchas personas con esta personalidad; sin embargo, cuando las cosas se ponen feas, se convierten en otra persona. La persona profunda del espíritu, ese individuo que se esconde detrás de las sombras, surge con gran autoridad y confianza. ¡Es realmente algo digno de contemplar!

¡Ana estaba a punto de despertar y convertirse en otra persona!

Capítulo 7

¡Cuando el Empuje Llega a Empujón!

"Y también su rival la provocó severamente, para hacerla miserable, porque el SEÑOR había cerrado su matriz. Y acontecía que, de año en año, cuando ella subía a la casa de Jehová, la irritaba; por eso lloró y no comió". (1 Samuel 1:6, 7)

¿Alguna vez has escuchado la frase "¡Cuando el empuje llega a empujón!"? ¿De dónde viene este dicho? ¿Qué significa?

"¡Cuando el empuje llega a empujón!" a menudo se relaciona con el deporte de *rugby*. En este deporte, el impulso cambia rápidamente. Los jugadores pueden comenzar con un suave empujón contra sus oponentes. Pero pronto, esto puede convertirse en empujones más fuertes y agresivos.

La definición significa usar la propia fuerza para atravesar un área concurrida.

Creo que era sólo cuestión de tiempo antes de que las circunstancias transformaran la vida de Ana, sin mencionar las batallas internas que enfrentaba. Ana rápidamente comenzó a desintegrarse interiormente de lo que parecían batallas interminables con su rival Penina. Dice que "**año tras año, fue provocada severamente para hacerla miserable; por eso lloró y no comió**". ¿Puedes imaginarte esto?

¡Incomprendidos, Condescendientes y Hambrientos!

Cuando Dios nos permite pasar por un tiempo de prueba en el desierto, una temporada de lo que algunos llaman la noche oscura del alma, uno no busca comprensión de la situación; ¡Esa persona está buscando algo que apague la sensación de hundimiento en su interior!

Quiero mostrarles cuatro elementos que enfrentaremos mientras somos desafiados con profunda angustia a ver la voluntad de Dios cumplida en nuestras vidas.

¡Las Deficiencias e Incapacidades de Ana!

El primer desafío proviene de nuestra incapacidad. Ana no pudo evitarlo tanto como quería. Ella era estéril y nada cambiaría eso, por supuesto, a menos que Dios le mostrara Su misericordia.

Se miró a sí misma y lo supo. "No puedo tener hijos; ¡No puedo, no puedo, no puedo!"

¿Estaba tratando de mantener una actitud positiva? Por supuesto que no lo era. Ella quedó devastada por el hecho. ¿Qué haría y cómo se lo explicaría a sus amigos y familiares? ¿Qué le diría a su marido? ¡Que desastre!

Tú y yo enfrentaremos estas incapacidades. Puede que no sea esterilidad como la de Ana, pero es posible que enfrentes un miedo paralizante, una duda abrumadora o poderes demoníacos que destruyan tu autoestima. ¿Con qué frecuencia se puede escuchar: "¡No vales nada!" ¿Hasta que finalmente empiezas a creerlo?

¡Penina, la Provocadora!

El segundo desafío proviene de Penina, *la voz provocadora.*

Todos hemos tenido personas en nuestras vidas que de alguna manera nos han provocado. Algunos lo hacen a propósito, pero otros lo hacen sin saberlo. Quienes lo hacen a propósito tienen la intención de dañar al individuo; lo hacen con espíritu de degradación. Desde sus corazones heridos, provocan y lastiman a los demás. Estoy seguro de que has conocido a algunos como estos.

Ahora hay otro grupo. Estos son los que te provocan sin saber que te están provocando a actuar, a arriesgarte o a tener fe en algún emprendimiento. Cuando hacen esto, no saben nada sobre tu situación actual; sin saberlo, profetizan a vuestro espíritu.

No estoy seguro de si Penina se sintió excluida ya que Elcana le daría a Ana la doble porción o si Penina estaba molesta porqueAna recibiría la mayor parte de la atención en la casa y no ella. Cualquiera que fuera el caso, Penina se mantuvo firme en provocar a Ana con sus vergonzosas palabras.

¡Siempre he creído que no importa quién te provoque, tómalo como un desafío y sigue lo que hay en el corazón de Dios para ti!

¡Elcana, la Voz de la Razón!

"Entonces Elcana su marido le dijo: Ana, ¿por qué lloras? ¿Por qué no comes? ¿Y por qué está entristecido vuestro corazón? ¿No soy mejor para ti que diez hijos?" (1 Samuel 1:8)

La tercera voz vendrá de *nuestros familiares y amigos*.

Llamo a esto la voz de la razón porque, en la mente de Elcana, parece que no entendió el dolor de su esposa; intentó proporcionar sustitutos externos para lo que a Ana le faltaba internamente.

Mucha gente vendrá y compartirá razonamientos sólidos. Dirán: "Tal vez no era para ti". O "¡Quizás no sea la voluntad de Dios que tengas, retengas y compartas!" etc.

En el caso de Elcana, creo que había llegado a un punto de quiebre y confrontó a su esposa por su comportamiento: "Ana, ¿por qué lloras? ¿Por qué no comes?

Estas son preguntas legítimas, pero su corazón estaba demasiado angustiado para tratar de explicar lo que sentía. Entonces sucedió que Elcana dijo: "¿No soy mejor para vosotros que diez hijos?"

Escuche la respuesta de Ana a su marido: ¡oh, espera! No hubo respuesta, sólo una acción. Aquí está la acción: "Ana se levantó después que terminaron de comer y beber en Silo". No hay comentarios sobre la tonta declaración de Elcana. ¿Captaste esto?

¡Nunca critique, trate con condescendencia ni provoque a alguien a quien el Señor está tratando!

Eli, el Sumo Sacerdote Sin Discernimiento.

Aquí hay un elemento más que encuentro atacándonos en medio de nuestra angustia y lucha por nuestro destino en Dios.

Valoro el consejo del siervo de Dios y, en innumerables ocasiones, he tomado decisiones basadas en su consejo y experiencia. Todos los creyentes deberían tener a alguien en sus vidas que los ayude en el camino. Ya sea un pastor, un líder de un grupo celular, un líder de discipulado, un mentor espiritual, un verdadero amigo en la fe, etc., estos vasos de Dios son en verdad un regalo de Dios en el cuerpo de Cristo. ¡No descartamos la sabiduría de los mayores! Por muy valiosos que sean los mentores en nuestras vidas, no son Dios. Dios también nos ha dado Su Espíritu para guiarnos por el camino. También debemos entrenarnos para escuchar la voz de Dios y discernir los tiempos y las estaciones a las que Dios nos está llevando.

A veces, ningún mentor espiritual o pastor sabrá dónde estamos con Dios. Tendrán buenas intenciones, pero no sabrán adónde nos lleva Dios. ¡A veces lo harán, pero a veces no! Debemos saber esto.

En el caso de Ana y su carga de esterilidad, Elí probablemente no estaba al tanto de lo que estaba sucediendo en la familia de Elcana. Si no sabes algo acerca de alguien, no hagas el papel de profeta; Esto sólo perjudica a la gente a largo plazo. Terminarán odiándote.

Una Temporada de Oración

El dolor y la angustia de Ana eran genuinos para ella, por lo que decidió ir al templo y pasar tiempo con Dios en oración. "Y el sacerdote Elí estaba sentado en la silla junto al poste de la puerta del tabernáculo de Jehová. Y ella, con amargura de alma, oró a Jehová y lloró de angustia". (1 Samuel 1:9-10)

Cuando mires esta imagen, encontrarás a un sumo sacerdote perezoso y sin discernimiento sentado en un extremo, y verás a Ana quebrantada en angustia y amargura de alma en el altar de la oración.

En cuanto a la necesidad de Ana, Elí, el Sumo Sacerdote, parece ajeno a la amargura del alma de Ana.

¡Borracha de Angustia!

"Y aconteció que mientras ella continuaba orando delante de Jehová, Elí vigilaba su boca. Ahora Ana habló en su corazón; sólo se movían sus labios, pero no se oía su voz. Por eso Elí pensó que estaba borracha. Entonces Elí le dijo: "¿Hasta cuándo estarás borracha? ¡Aparta el vino de ti!" (1 Samuel 1:12-14)

Mientras Ana presionaba el corazón de Dios y hacía votos al Señor, habló en su corazón. La Escritura dice que sólo se movían sus labios, pero su voz no se oía. Sin que ella lo supiera, tenía audiencia; Eli estaba mirando.

Elí no sabía nada de lo que significaba orar con amargura de alma o angustia de corazón; no tenía ni idea. Si tuviera que hacer una suposición descabellada, este hombre no sabía nada acerca de orar en el Espíritu. ¡Este hombre nunca había estado en el Calvario! ¡Nunca había muerto a sí mismo! ¡Nunca había tomado en serio la carga del Señor!

¡Al final de esta escena, lo mejor que Eli pudo determinar fue que Ana estaba borracha! ¿Te imaginas esto? Elí dijo: "**¿Hasta cuándo estarás borracha? ¡Aparta tu vino de ti!**"

Cuando se trata de encontrar alineación para nuestra vida espiritual, cuando se trata de conocer la voluntad de Dios con mayor detalle, o cuando se trata de saber en qué estación de nuestras vidas estamos entrando, ¡solo la angustia del alma nos llevará allí!

Capítulo 8

Una Mentalidad Que Dice, "¡Basta! ¡Suficiente es Suficiente!"

"Y acontecía que de año en año, cuando ella subía a la casa de Jehová, la irritaba; por eso lloró y no comió". (1 Samuel 1:7)

"...Año tras año..."

Por el sonido de la narración, parecía que Ana tendría que volver a vivir esta experiencia todos los años. Tendría que revivir la esterilidad, el reproche, la burla, el trato condescendiente y las falsas esperanzas de llegar a ser madre. Si esto no fuera suficiente, también podríamos agregar la pérdida de apetito y las noches de insomnio, probablemente debido a la depresión y mucho llanto amargo.

Esta experiencia, o conjunto de experiencias, colocó a Ana en un camino diferente que tal vez nunca tuvo la intención de recorrer: el camino del quebrantamiento, la angustia y la amargura del alma.

Permítanme compartir una verdad poderosa que calmará nuestros corazones en Dios y nos encaminará por un camino de oración y poder.

¡Viendo Lo Invisible!

Una gran parte de caminar con Dios es que el siervo del Señor debe aprender a vivir una vida distintiva: una vida de fe.

Si nuestro caminar espiritual comienza con una vida de fe, debe guardarse y mantenerse en la fe de Dios, no en la del hombre. Cuando terminemos nuestra carrera, también debe hacerse en la fe de Dios, no en la del hombre.

El error de muchos creyentes, al menos por lo que he visto y aprendido en mi propia experiencia con Dios, es que pasamos de una perspectiva espiritual a una natural. Como creyentes, comenzamos a reclamar bendiciones naturales cuando Dios no prometió nada natural, o inicialmente, tuvo que nacer primero en nuestro espíritu, luego en lo natural, en este orden.

Atendiendo Primero a Lo Espiritual.

No estoy diciendo que Dios no bendiga con cosas materiales, pero el siervo que verdaderamente camina una vida quebrantada y contrita con Dios está enfocado en los propósitos eternos de Dios. Un siervo que ha vislumbrado lo que estoy hablando entiende que Dios engendra las cosas primero en el espíritu, luego en lo natural. ¡Debemos atender primero a lo espiritual!

No hacen afirmaciones falsas de que Dios dijo esto o aquello. Saben muy bien que Dios se revela primero al espíritu en lo más íntimo; después de filtrarlo a través de la cruz, concluyen si es Dios. Éste es el patrón divino.

Cuando este siervo vislumbra el corazón de Dios, perseverará hasta que se cumpla, ya sean hijos, finanzas, una carrera, un trabajo o algún tipo de ministerio. ¡Los verdaderos siervos que caminan en el reino revelador de Dios sólo luchan por lo que es de Dios! No perderán el tiempo con tonterías.

¡Buscando Una Promesa Terrenal!

"Después de estas cosas, vino palabra de Jehová a Abram en visión, diciendo: No temas, Abram. Yo soy tu escudo, tu recompensa sumamente grande". Pero Abram dijo: Señor DIOS, ¿qué me darás, ya que me quedo sin hijos y el heredero de mi casa es Eliezer de Damasco? Entonces Abram dijo: "Mira, no me has dado descendencia; ¡De hecho, el nacido en mi casa es mi heredero! Y he aquí vino a él palabra de Jehová, diciendo: Éste no será tu heredero, sino uno que saldrá de tu seno será tu heredero. Luego lo llevó afuera y le dijo: "Mira ahora al cielo y cuenta las estrellas, si puedes contarlas". Y Él le dijo: Así será tu descendencia. Y creyó en Jehová, y le fue contado por justicia." (Génesis 15:1-6)

Tomando al padre Abram como nuestro líder y ejemplo en el

camino de la fe, aprendemos que una de las batallas de Abram fue esperar en el Señor su momento perfecto para darle a luz un hijo a él y a su esposa, Sara. Como sabes, esto no fue fácil para Abram y Sara; esperar nunca es fácil; ¡No lo fue entonces y no lo es ahora!

Mientras Abram contempla su futuro, mientras su corazón acumula cierto tipo de angustia, la palabra del Señor le llega en una visión: **"Yo soy tu escudo, tu recompensa sobremanera grande"**.

Esto es muy parecido al Señor viniendo y hablándonos acerca de Su naturaleza, Su belleza y Su corazón hacia nosotros; el Señor ni siquiera menciona el futuro de Abram ni la preocupación de Abram por él. ¿Era importante para Dios el futuro de Abram? ¡Por supuesto que lo fue! ¡Pero no debemos temer cuando nuestro futuro está en manos de Dios! Tomemos nota de esto y aprendamos.

En respuesta, Abram le pregunta al Señor: **"Señor DIOS, ¿qué me darás, ya que me quedo sin hijos y el heredero de mi casa es Eliezer de Damasco?"** Entonces Abram dijo: **"Mira, no me has dado descendencia; ¡De hecho, el nacido en mi casa es mi heredero!"** Si miras más de cerca esta historia, Abram insiste en discutir su futuro y su heredero. ¿Ves con qué facilidad nos desviamos de la naturaleza de Dios hacia nuestra naturaleza y necesidades egoístas? ¿Con qué facilidad pasamos de la belleza de Dios a lo mundano?

Para tranquilizar el corazón de Abram y traerle paz, el Señor le habla a Abram y le dice: "**Y he aquí, vino a él palabra de Jehová, diciendo: Éste no será tu heredero, sino uno que saldrá de tu propia sangre. será tu heredero**".

¡Refrescado en Dios!

Después de escuchar el corazón de Dios y aclarar su futuro, el Señor refresca el espíritu de Abram pidiéndole que salga. "**Entonces lo llevó afuera y le dijo: "Mira ahora al cielo y cuenta las estrellas, si puedes contarlas". Y Él le dijo: Así será tu descendencia.**"

A menos que estemos dispuestos a dar un paso afuera y permitir que Dios hable de nuevo a nuestros corazones angustiados y a nuestra fe débil, no recuperaremos nuestra resistencia espiritual ni alcanzaremos una nueva visión del cielo.

No es hasta que Dios nos dé esta frescura que podremos apagar la angustia, porque sabremos en nuestro corazón y mente que todo estará bien con nosotros.

No es de extrañar que Ana corriera hacia el altar de oración; era el único lugar donde encontrar refugio a su angustia. No es de extrañar que Abram saliera de su tienda; era la única manera de calmar la angustia. Amigos míos, ¡será lo mismo entre ustedes y conmigo!

¡Visión Llega a Quienes Esperan!

"¿Por qué dices, oh Jacob,
Y habla, oh Israel:
"Mi camino está escondido del Señor,
Y mi justo reclamo es pasado por alto por mi Dios"?
¿No lo has sabido?
¿No lo has oído?
El Dios eterno, el Señor,
El Creador de los confines de la tierra,
Ni desmaya ni se cansa.
Su comprensión es inescrutable.
Él da poder a los débiles,
Y a los que no tienen fuerzas les aumenta las fuerzas.
Incluso los jóvenes desmayarán y se cansarán,
Y los jóvenes caerán por completo,
Pero los que esperan en Jehová
Renovará sus fuerzas;
Alzarán alas como las águilas,
Correrán y no se cansarán,
Caminarán y no desmayarán". (Isaías 40:27-31)

Todas las renovaciones espirituales se encuentran en la fuente de la espera en el Señor en el lugar secreto de la oración. Uno se renueva en Dios cuando cae postrado ante Él con el corazón quebrantado y contrito.

Una vez que el siervo de Dios se vuelve uno [entrelazado] en mente y corazón con Dios, ese querido hombre o mujer de Dios se elevará con nuevas fuerzas, montará con alas como un águila, correrá y no se cansará y caminará y no desmayará. ¡Bendito Su santo Nombre!

Capítulo 9

De la Abundancia
¡De Mi Queja y Dolor!

"Pero Ana respondió y dijo: "No, señor mío, soy una mujer de espíritu triste. No he bebido vino ni bebidas embriagantes, sino que he derramado mi alma delante de Jehová. No consideres a tu sierva como una mujer mala, porque por la multitud de mis quejas y dolores he hablado hasta ahora." (I Samuel 1:15, 16)

La Vida Profética de Ana

Al reflexionar sobre la vida de Ana, sólo se puede decir que esta mujer enfrentó una adversidad grave. Probablemente usted y yo también hemos pasado por algunas dificultades.

No creo que la vida de Ana sea simplemente una conmovedora historia motivacional de la Biblia para fortalecer nuestra fe en Dios. Es más que eso. Creo que la historia de su vida, tal como se describe en I Samuel capítulo I, es un retrato profético de alguien que anhela vivir su vida al máximo en Dios.

¡Estoy convencido que esta historia es una palabra profética para aquellos que anhelan agradar al Señor con todo su corazón! Sí, la vida de Ana no es una historia de romance e intriga; no, señor, es una vida de búsqueda apasionada del corazón y la mente de Cristo para cada generación que llega a leerlo.

¡De Los Labios de Ana!

"No, mi señor, soy una mujer de espíritu triste".

Cuando leí cómo Ana se dirigió al templo para buscar el rostro de Jehová Dios, tenía una cosa en mente: ¡encontrarse con Dios y obtener justicia!

Ana no era una reina del drama y tampoco intentaba llamar la atención del sumo sacerdote. A esta sierva no le importaba en absoluto lo que la gente pensara de ella. Realmente creo que si esta sincera mujer de Dios fuera entrevistada por alguna estación de televisión local y le preguntaran por qué estaba dando tanta importancia a toda la oración en el altar, ella rápidamente respondería: "**¡Soy una mujer de espíritu triste!**"

Al cuerpo de Cristo le pregunto: "¿Necesitamos más que un espíritu de tristeza o quebrantamiento para ponernos a buscar el rostro de Dios?"

Muchos nunca se han dejado llevar por el Espíritu del Señor al lugar donde Dios realmente quiere llevarlos. ¡Hay demasiadas reservas, demasiadas perspectivas teológicas y sí, demasiadas excusas carnales para no obedecer al Maestro!

Buscar las cosas de Dios nunca ha sido barato sino costoso. Nunca ha sido fácil sino difícil. Si uno se preocupa por seguir a Dios y pagar el costoso precio para obtener lo prometido, tendrá que hacerse una cama llena de lágrimas. La vida de uno será un sacrificio vivo al Señor día tras día.

A menos que el hombre o la mujer de Dios sea capturado, empoderado y aprenda a vencer por el acto de la visión que Dios ha puesto en ellos, la manifestación de la promesa nunca llegará.

¡Capturado por Visión!

La clave para una vida llena de alegría es saber en lo profundo de tu espíritu que la vida que Dios te dio fue creada para mucho más. Una vez que sabes que Dios te ha impregnado con una imagen del futuro, deseos profundos y pasiones perseverantes, el siervo de Dios comenzará a hacer los cambios necesarios en su vida para alinearla con los deseos de Dios.

Cuando alguien dice, veo algo en mi espíritu; Dios me habló de esto o aquello. Sepa que la visión de Dios ha capturado a esta persona. No son sus palabras las que te conmueven, sino cómo intentan reorganizar su estilo de vida para acomodarlo a la visión de Dios. ¡Cualquiera puede reconocer a un hombre o una mujer en una misión!

Mi Búsqueda Personal de Dios

En mi búsqueda del corazón del Señor para mi vida, cuando el Espíritu del Señor me tocó y me bautizó con Sus deseos, mi vida ya no pudo mantenerse dentro de una caja. Anhelaba estar a solas con Dios; Anhelaba ir a donde la gente no quería ir; ¡Anhelaba la oportunidad de contarles a otros sobre el poder salvador de Jesús!

Verdaderamente puedo decir que todo mi ser se conmovió como si algo hubiera sucedido y fui llevado cautivo por Dios mismo. Ya no quería mis propios sueños, planes y ambiciones. Todo lo que quería perseguir era algo que ardía en lo más profundo de mi ser.

¡Empoderados Por la Visión!

Obviamente, cuando alguien sabe que Dios lo ha llamado a un nivel más alto de pensamiento, acción y vida, su vida pasará del ámbito natural al ámbito sobrenatural. Esto también se ve claramente en estos sirvientes.

No se verán disuadidos de realizar lo que arde en sus corazones. Verás, no son ellos sino Dios quien da poder a sus almas. Éste es el camino de quienes reciben el poder de la visión de Dios.

Aunque surgen desafíos, encuentran fuerza en Dios para seguir adelante. Aunque la gente los critique, no cederán ante intentos tan tontos. Saben que sus vidas están en manos de Dios, no del hombre.

Tienen una cosa a la vista y sólo una cosa: dar a luz la expresión de Dios.

¡Vencedor Por La Visión!

Creo que Dios ha llamado a muchos siervos de Dios para dar origen a Sus expresiones; sin embargo, muchos de los siervos de Dios se han asentado. Los obstáculos en sus vidas, de alguna manera, los convencieron de que no podían o no querían obtener lo que Dios prometió, y se conformaron con lo segundo.

Quizás estaban en camino de cumplir su destino en el Señor cuando entraron en una temporada de tener una situación trágica tras otra, y por falta de visión, optaron por no dar a luz el corazón de Dios.

Mordieron el anzuelo del enemigo mismo y se conformaron con lo que el hombre podía darles o con lo que podían obtener usando o apoyándose en sus propias fuerzas, ¡y no con lo que Dios tenía reservado si hubieran permitido que su angustia se derritiera en el altar de oración de Dios!

Nada hace temblar más al diablo que cuando un hombre lleno de angustia puede orar a Dios y derramar su corazón delante de Dios.

Capítulo 10

¡Hasta Que La Angustia Se Vaya!

"Entonces la mujer se fue y comió, y su rostro ya no estaba triste". (1 Samuel 1:18)

"Entonces [ella] se fue y comió, y su semblante ya no estaba triste". (1 Samuel 1:18 -*Versión Amplificada*)

"...y siguió su camino. Luego comió con ganas, con el rostro radiante". (1 Samuel 1:18 -*La Biblia del Mensaje*)

Muchos han recorrido este camino y pudieron dar testimonio de las dolorosas pruebas que tuvieron que superar para encontrar la alegría. Estoy seguro de que muchos han perseverado y vivido para contar sus historias. Para aquellos que han experimentado el nacimiento de una visión, la lucha, no están solos. De hecho, es la manera en que Dios da origen a Sus deseos para mayor efecto en el mundo.

Si hay algo que la angustia hará en el interior de todo aquel que la haya experimentado es esto: ¡te cambiará! ¡Nos traerá a ti y a mí a nuestros rostros! Desafiará nuestra resistencia espiritual hasta la médula.

Una vez escuché a un hombre decir que la adversidad separa a los hombres de los niños y a las mujeres de las niñas; lo creo. A menos que estés dispuesto a ser usado por el Señor, no pasarás la temporada de prueba. No soportaréis semejante dureza a menos que veáis al Padre como Aquel que sostiene la copa de vuestro dolor.

Por favor entiéndeme; algunas personas terminan apartándose a causa de la angustia y el desánimo. Esto es un hecho. Nunca se haga a la idea de que los avances son automáticos. Pueden serlo si has aprendido a ascender y vivir en los lugares celestiales, pero son imposibles si todavía tienes que aprender a Cristo y nunca has entrado en la participación de Sus sufrimientos.

Hay bajas en el ejército de Dios. Uno debe estar alerta, orar y ayunar para lograr un gran avance. Los avances no siempre son lo que crees que son; a veces, implican aceptar el propósito de Dios para su vida.

En una nota diferente, hoy en día hay creyentes que han logrado eludir la voluntad de Dios y abrazar una pseudovoluntad de Dios. Harán votos y dirán: ¡Realmente amo al Señor con todo mi corazón! Por supuesto, lo hacen hasta que se desata el infierno y el fuego de Su gloria comienza a llevarlos por un camino lleno de soledad y angustia.

Es en este nivel de soledad donde el siervo de Cristo es verdaderamente probado. ¡Aquí es donde la verdadera fe se mide por nuestra paciencia y perseverancia!

¡Una Raza Celestial!

No sé ustedes, pero cuanto más de cerca miro la vida de Ana, más veo mi propia falta de poder a través de la oración.

¡Esta Mujer Era Imparable!

Había vislumbrado su futuro y estaba plenamente convencida de que lo que estaba viendo en su espíritu sucedería. Ana no consideró su cuerpo así como Abraham no consideró el suyo mientras oraba y creía por un hijo de la promesa, como dice en Romanos 4: 19a, **"Y no siendo débil en la fe, no consideró su propio cuerpo ya muerto... "**.

Aparentemente, la angustia de Ana la había catapultado al siguiente nivel de intercesión, y no se le negarían sus oraciones. ¡Ana no estaba dispuesta a irse con las manos vacías!

El dulce Espíritu del Señor me recordó la historia que Jesús compartió sobre la viuda y el juez injusto, escucha:

"TAMBIÉN [Jesús] les dijo una parábola en el sentido de que siempre debían orar y no volverse cobardes (desmayarse, desanimarse y darse por vencidos). Dijo: Había en cierta ciudad un juez que ni reverenciaba ni temía a Dios, ni respetaba ni consideraba al hombre. Y había en aquella ciudad una viuda que venía a él y le decía: Protégeme, defiéndeme y hazme justicia contra mi adversario. Y por un tiempo no lo hizo; pero luego se dijo a sí mismo: Aunque no tengo reverencia ni temor a Dios ni respeto ni consideración por el hombre, sin embargo, como esta viuda continúa molestándome, la defenderé, la protegeré y la vengaré, para que no me dé una molestia intolerable y me desgaste. por sus continúas venidas o al final viene y me insulta o me agrede o me estrangula. Entonces el Señor dijo: ¡Escuchen lo que dice el juez injusto! ¿Y no defenderá [nuestro justo] Dios, protegerá y vengará a sus elegidos (sus elegidos), ¿que claman a él día y noche? ¿Los aplazará y retrasará la ayuda en su favor? Os digo que Él los defenderá, los protegerá y los vengará rápidamente. Sin embargo, cuando venga el Hijo del Hombre, ¿hallará [persistencia en] la fe en la tierra?" (Lucas 18:1-8 -*Versión Amplificada*)

No sé ustedes, pero Ana de alguna manera conocía el principio de obtener justicia, oración ferviente y acercamiento continuo a Dios. Iba a molestar a Dios hasta que llegara el avance, hasta que la angustia abandonara su mente y su corazón. ¡Eso sí que es determinación!

Cuando Ana oró en el altar y Elí, el Sumo Sacerdote, la observó, el Señor le dio el gran avance. También es interesante observar cómo las señales y prodigios acompañaron este avance. La señal era que ahora tenía suficiente hambre para comer; en otras palabras, su apetito volvió y el resplandor de Dios brillaba en su rostro. ¡Sólo a Dios sea la gloria!

A medida que el Señor se mueve en ti y en mí, y parece que la victoria nunca llega, pero continuamos orando y ayunando, de repente, la luz se abrirá paso y nuestra tristeza será quitada. Esta es la recompensa para aquellos que esperan en el Señor la liberación de Dios, el nacimiento de Su visión.

Para cerrar este escrito, si estás enfrentando retrasos y lo prometido no llega, si una angustia abrumadora se ha movido en tu alma y espíritu, sin mencionar que el enemigo hace notar su presencia desanimando tu corazón, esto es lo que te digo, ¡persevera con todo la que hay dentro de ti! ¡Y busca al Señor en oración y ayuno! Bebed la copa del dolor que el Padre tiene preparada para ti. Permanece firme en la fe y déjate abrazar por Sus brazos amorosos. ¡Se acerca y está muy cerca el tiempo en que el Señor enjugará todas tus lágrimas!

¡El Señor esté con tu espíritu!

¡Las Lecciones De Mi Viaje!

www.ingramcontent.com/pod-product-compliance
Lightning Source LLC
Chambersburg PA
CBHW051329120626
46547CB00016B/2459